AF468867

ESSAI

SUR LE

CODE PÉNAL FORESTIER,

Par J.-A. MASSON,

Inspecteur des Forêts à Épinal, chef-lieu du Département des Vosges.

a M. Mollevaut de la part de l'auteur

A ÉPINAL,

DE L'IMPRIMERIE DE LA PRÉFECTURE.

Février 1806.

La nécessité d'un nouveau Code pénal forestier n'est plus mise en question. Près d'un siècle et demi écoulé depuis la publication de l'ordonnance de 1669, nous avertit que ses dispositions sont surannées. Tout a changé dans l'Europe depuis ce temps. Les forêts ont considérablement perdu en valeur et en superficie, tandis que la consommation a suivi les progrès du luxe.

On a toujours regardé le titre XXXII de l'ordonnance comme la partie faible de cette loi, renommée à juste titre par sa profonde sagesse. D'un côté, la modicité de ses peines, déjà avouée par le législateur, à l'époque même où elle fut publiée, n'opposait qu'un faible obstacle aux délits les plus fréquens; de l'autre, l'excessive sévérité de quelques dispositions les faisait bientôt tomber en désuétude; enfin les nombreuses lacunes qu'on trouve dans cette ordonnance, où des délits graves n'ont pas été classés, où la récidive n'est prévue que dans un seul cas important, sans même y être définie; toutes ces imperfections, bien moins sensibles lorsque les forêts étaient encore dans un état florissant, finiraient bientôt, si on n'y portait remède, par rendre inutiles tous les efforts des administrateurs pour leur conservation.

Dans une partie de l'Empire, dans les pays conquis, l'ordonnance de *1669* n'était pas connue avant l'an 4, ou n'avait pas force d'exécution. Des décisions du Directoire et des jugemens de la cour de cassation, sont les seules autorités qui l'aient mise en vigueur dans ces contrées. Il suit delà que plusieurs tribunaux ne la regardant pas comme légalement promulguée, croient pouvoir y déroger sans scrupule; ils appliquent soit des réglemens locaux, soit un mode arbitraire fondé sur la loi du 20 messidor an 3. Delà une bigarrure dans la jurisprudence, dont le résultat ne peut être que funeste. Il est donc urgent de rétablir l'uniformité par la révision du code de *1669*; mais il ne faut pas se dissimuler les difficultés de cette entreprise.

Le caractère essentiel d'une loi pénale est une proportion exacte, autant qu'il est possible, entre la peine et le délit; mais comment l'établir d'une manière durable, lorsqu'il s'agit d'un objet dont la valeur varie suivant les temps et les lieux? Dans le midi de la France, par exemple, où les bois sont si rares et si précieux, évaluera-t-on le chêne à 12 francs le mètre de tour, comme dans le nord? et s'il est certain que depuis 20 ans le prix du bois a plus que doublé, n'est-il pas probable que dans le même espace de temps il éprouvera encore une grande augmentation? Si la loi en détermine la valeur, elle ne devra donc être faite que pour un temps très-court; car la balance ne peut-être long temps exacte entre la peine et le délit. Le législateur sera contraint alors, au risque de violer pour un temps la justice distributive, de prendre le parti d'une excessive sévérité, s'il veut donner quelque durée à son ouvrage.

Il suivrait delà que l'amende même, en matière de délits forestiers, ne peut être déterminée que pour un temps limité, et que pour régler l'indemnité, on devrait toujours laisser au juge la faculté de se conformer aux temps et aux lieux. Mais cette conséquence nous conduirait à l'examen d'une autre question, c'est de savoir si l'on pourrait en laisser la connaissance aux tribunaux ordinaires.

Forcés alors d'arbitrer sur des questions qui n'ont aucun rapport avec la jurisprudence, ne serait-il pas à craindre que leur indulgence ou leur sévérité ne portât également à faux; qu'ils ne donnassent trop d'importance aux formes, dans une matière où la lenteur des jugemens équivaut presqu'à l'impunité?

L'initiative même qu'exerce l'inspecteur par ses réquisitions, ne serait pas une garantie suffisante contre les méprises. 1.° Il a près des tribunaux une mission trop vague, trop peu légale; pour y obtenir l'influence dont il aurait besoin, puisqu'il ne peut se faire entendre que par l'organe du ministère public; 2.° les cas où l'on doit le plus de confiance à ses conclusions, c'est-à-dire lorsque la loi n'a pas fixé la peine, sont précisément ceux où le juge a le plus de latitude, et où il est moins obligé de subordonner son opinion à celle d'un autre. L'inspecteur paraît n'être alors qu'un plaideur qui défend sa cause; on lui répond que la justice se conduit par d'autres principes que l'administration des forêts.

N'est-ce pas d'ailleurs un grand inconvénient que de se trouver forcé par la loi de juger d'après les connaissances d'autrui? Ne serait-il pas plus dans l'ordre que celui qui requiert, ne connût que le texte de l'ordonnance, et que les juges au contraire fussent en état d'apprécier les faits?

Ce sont ici de simples doutes que j'expose; et même si l'expérience d'un seul était de quelque poids contre un principe généralement reconnu, je dirais que la vigueur que j'ai vu déployer par quelques tribunaux contre les délinquans, est bien propre à affaiblir l'inconvénient qui résulte de leur inexpérience dans cette matière. Mais ce n'en est pas moins une vérité incontestable, que de tous temps on a pensé, et qu'on pense encore dans toute l'Europe, que le droit de juger les délits est inséparable d'une bonne administration des forêts ; que placer une autorité étrangère entre elles et les agens à qui elles sont confiées, c'est rendre en quelque sorte leur responsabilité illusoire, par les entraves qu'on donne au zèle des uns, et les prétextes qu'on fournit à la négligence des autres ; qu'enfin la surveillance n'a de force, qu'autant qu'elle a en son pouvoir les moyens de répression. Telle est, je ne dirai pas mon opinion, mais celle que l'expérience a érigée en principe, et qui n'a cessé d'en être un en France qu'en 1792. Il ne m'appartient pas de décider jusqu'à quel point l'intérêt public a gagné à ce nouvel ordre de choses ; mais rassurons-nous ; s'il n'a produit aucun bien, il n'échappera pas à la sagacité du vaste génie qui nous gouverne. Cette innovation aura le sort de tant d'autres, auxquelles le desir d'une perfection chimérique avait fait tant de fois sacrifier l'expérience.

Un travail sur le code forestier ne pouvait être le même dans l'une ou l'autre hypothèse. Quand les officiers de maîtrise étaient érigés en tribunaux, les lacunes ou les imperfections de la loi avaient moins d'inconvéniens. S'ils n'avaient pas le droit de déroger à ses dispositions, ils étaient au moins en possession de suppléer à son silence. Outre qu'ils ajoutaient des peines aux simples prohibitions faites par l'ordonnance, ils considéraient comme délits; non pas seulement ce qui était défendu, mais tout ce qui pouvait porter atteinte à la conservation des forêts. Il n'en est pas de même des tribunaux correctionnels; ils ne peuvent jouir de la même faculté, qui suppose des connaissances étrangères à leur état. Ils ne sont que l'écho de la loi, qui les oblige à citer son texte à l'appui de leurs jugemens, et ils sont forcés d'absoudre, même lorsqu'elle a défendu, toutes les fois que la peine ne se trouve pas à côté de la prohibition. En laissant aux tribunaux ordinaires la connaissance des délits forestiers, le législateur s'impose donc la nécessité de prévoir tous les cas sur lesquels ils auront à prononcer: cette obligation compliquera nécessairement le code pénal, et le rendra d'une étude bien difficile pour la dernière classe des employés; mais dans l'alternative de laisser des délits graves impunis, ou de les classer tous, il n'y a pas à balancer.

On a donc basé ce travail sur le systême actuel de la division des pouvoirs, c'est-à-dire qu'on a assigné une peine à tous les cas qu'on a pu prévoir; mais quoique j'aie médité dix ans sur les dégradations auxquelles les forêts sont exposées, et que j'aie tenu note des délits les moins ordinaires, je suis si sûr d'en avoir échappé plusieurs, que je n'ai pu me défendre de laisser au juge la faculté d'arbitrer dans les cas non prévus, quoiqu'ils ne pussent le faire en connaissance de cause, et malgré mon respect pour la maxime qu'il n'y a de délit que ce qui est textuellement défendu par la loi. Mais je pense en même temps qu'on doit restreindre à un *maximum* très-modique, la peine que les tribunaux prononceront dans ce cas.

L'INTÉRÊT PUBLIC sollicite depuis long temps le rétablissement d'un régime uniforme pour les bois impériaux et ceux des communes. La loi du 9 floréal an 11 a presque complété la réforme, quant à l'administration; mais elle est encore à faire pour le contentieux. C'est un puissant motif de plus pour travailler à la révision du code pénal.

La loi du 6 octobre 1791 a eu des suites funestes par les formalités impraticables qu'elle prescrit pour l'évaluation des délits dans les bois communaux. Dans l'impossibilité de faire la reconnaissance sur place de tous ces délits, les juges de paix, forcés de les estimer d'après l'exposé du rapport, en déterminent faiblement la valeur, de peur de l'exagérer, et cette indulgence ne peut point leur être reprochée; elle est le vice de la loi, qui semble même leur en faire un devoir, puisqu'elle fixe l'amende au double de l'évaluation du dommage. C'est cette inconséquence qui a livré les bois communaux à l'arbitraire, en en soumettant la conservation aux principes plus ou moins sévères de chaque juge de paix.

Ils peuvent confier à des experts l'estimation du dommage; mais outre que cette marche est lente, et nécessite en quelque sorte une procédure à formaliser, elle donne lieu à un autre abus, c'est de rendre souvent arbitres des délinquans, des hommes qui ont besoin d'indulgence pour eux-mêmes.

Douze ans d'expérience m'ont convaincu que les moyens ordinaires de répression n'étaient plus suffisans pour assurer, je ne dis pas la restauration, mais même la conservation des forêts. La loi, qui ne considère les délits qu'on y commet que comme un objet de police, doit enfin recevoir des exceptions : sans cela, comment atteindre celui qu'aucune condamnation n'a pu réprimer, ou que sa misère met en état de braver les peines pécuniaires? La plupart de ceux-ci, au lieu d'être effrayés par la prison, la regardent comme un moyen d'assurer leur subsistance pendant la saison rigoureuse; ils semblent chercher à se préparer d'avance cet asyle. Voilà comment une punition, qui est le dernier effort de la justice, devient si onéreuse au Gouvernement, que les frais qu'elle occasionne finiraient par absorber le produit des amendes, sans compter qu'elle favorise la fainéantise et propage l'immoralité.

Qu'à la place d'une incarcération sans effet, on substitue le déshonneur et des travaux utiles contre les délinquans invétérés, et bientôt on corrigera cette insensibilité funeste des dernières classes du peuple pour les peines attachées aux délits forestiers.

L'ordonnance, dans plusieurs de ses dispositions, établit une peine extraordinaire contre les délinquans d'habitude ; c'est le bannissement des forêts : mais on ne voit pas bien qu'elle serait le sort de celui qui enfreindrait son ban. Ces mesures me semblent d'une exécution si difficile, que je doute qu'elles aient jamais été appliquées à la rigueur. La peine qu'on propose au contraire est puisée dans la nature même du délit ; ceux qui auront contribué à la dégradation des forêts, seront condamnés à travailler à leur restauration. Ce moyen, conforme aux principes de la justice distributive, a d'ailleurs l'avantage de présenter un but utile.

L'organisation des travaux de repeuplement n'étant point du ressort d'un code pénal, je me propose de présenter incessamment quelques vues sur cette importante matière.

ESSAI
SUR LE
CODE PÉNAL FORESTIER.

TITRE I.er

Du Bois coupé ou endommagé.

ARTICLE I.er

Tant que les tribunaux ordinaires jugeront les délits forestiers, ils prendront l'amende pour régulateur de l'indemnité; autrement ils seraient forcés d'ordonner une expertise sur chaque délit.

Il est donc nécessaire de suivre dans la fixation de l'amende, les gradations de la croissance du bois, et pour cela, il faut la rendre progressive. Il est certain que si un chêne de la grosseur de 4 décimètres produit 2 décistères de bois, celui qui en aura 8 donnera près de 6 décistères; qu'à 10 décimètres, il produira au moins 9 décistères; à 11, 1 stère 1 décistère, et à 12, 1 stère 3 décistères et demi, ainsi de suite, dans la même progression. Tel est le résultat de l'expérience, et le terme moyen des dimensions que j'ai prises sur une multitude de sujets de différens âges, dans des terrains de toute nature.

Les délits commis dans les bois impériaux, dans ceux des communes et des particuliers, seront punis conformément aux dispositions du présent code.

Pour les CHÊNES, CHATAIGNIERS et SAPINS, au-dessus de 8 ans, l'amende sera de 2 francs par chaque décimètre de tour, et en outre autant de fois 5 centimes par décimètre, qu'il y en aura dans la circonférence du bois mentionné au procès-verbal.

Pour les HÊTRES, CHARMES, ORMES, FRÊNES, ÉRABLES, PLANES, POIRIERS, SORBIERS et CERISIERS, l'amende sera des deux tiers des sommes ci-dessus, et de moitié pour les autres essences.

L'amende cessera d'être progressive au-delà de 25 décimètres de circonférence.

Ce premier article devant être plus souvent appliqué que tous les autres ensemble, j'ai dû apporter le plus grand soin à ce que la peine ne fût presque jamais au-dessous du délit, même dans les pays où le bois est le plus précieux. Il résulte delà qu'elle doit être un peu exagérée dans les contrées bien peuplées.

Je n'ai pas compris dans cette disposition les brins de 8 ans et au-dessous, parce qu'on ne peut obliger les gardes à en donner la mesure; ils le feraient toujours arbitrairement. Ce genre de délit doit donc être l'objet d'une amende uniforme.

J'ai rangé le sapin dans la 1.re classe des arbres, parce qu'il devient aussi rare que précieux.

ART. II.

L'amende pour baliveaux de l'âge du taillis, jusqu'après le récolement fait, sera de 15 francs; pour un moderne, de 30 francs; pour un ancien, de 60 francs, et pour une vieille écorce ou un parois, de 100 francs.

L'article IV du titre XXXII de l'ordonnance ne présente pas un sens bien clair, quand il dit : pour étalons, baliveaux, etc., l'amende sera de 50 francs, etc. *Combien de temps un arbre doit-il être réputé baliveau? Certains tribunaux n'appliquaient cet article que contre les adjudicataires, d'autres l'étendaient bien au-delà du récolement, et toutes les fois que le procès-verbal de reprise faisait mention de baliveaux.*

ART. III.

Pour un arbre ébranché ou endommagé, l'amende sera de moitié des sommes portées aux articles précédens; elle sera de la totalité, s'il est reconnu que l'arbre doit en périr.

ART. IV.

L'amende sera de 150 francs pour un pied cornier coupé ou arraché, et d double pour celui qui aura été déplacé; dans ce dernier cas, le délinquant sera en outre condamné à un emprisonnement qui ne pourra excéder trois mois.

ART. V.

L'amende pour un fardeau de bois sera de 5 francs; de 12 francs, pour la charge d'une bête de somme; de 30 francs, pour celle d'une charrette, et de 60 francs, pour celle d'une voiture à 4 roues.

ART. VI.

L'amende sera de 3 francs par chaque toc qui aura été arraché ou éclaté, sans préjudice à celle fixée par l'article suivant.

ART. VII.

Pour chaque brin de jeune taillis coupé, arraché ou brisé, l'amende sera d'un franc.

ART. VIII.

Il sera payé une amende d'un franc par mètre de taillis parcouru par les voitures, lorsqu'il ne sera pas fait mention dans le procès-verbal de la quantité de brins qui auront été brisés.

ART. IX.

Le propriétaire riverain qui coupera, ébranchera ou endommagera un arbre de lisière, sera condamné à une amende double de celle qui serait prononcée contre tout autre délinquant.

ART. X.

Les anticipations seront punies d'u amende de 2 francs par mètre quarré terrain, outre l'amende prononcée po raison du bois coupé, arraché ou e dommagé.

ART. XI.

L'amende pour les délits ci-dessus se double, 1.° s'il y a récidive dans l'anné 2.° si le délit a été commis de nuit; s'il l'a été avec feu ou scie; 4.° s'il s'a d'arbres de lisière, ou marqués pour marine; 5.° s'il s'agit de délits comm à l'ouie de la cognée; 6.° si le délinqu est domicilié dans la forêt; 7.° s'il est ouvrier ou voiturier employé dans ventes. L'amende sera triple, si le délinqu était muni d'armes à feu.

La seconde récidive, outre l'amen double, sera punie d'un emprisonnem qui ne pourra excéder 6 mois.

ART. XII.

Pour tous les bois coupés ou endommag l'indemnité sera au moins égale à l'ame simple; elle sera plus forte, si la valeur bois excède le taux de l'amende, ou a été arraché, scié ou brulé.

TITRE II.

Des Abroutissemens.

ARTICLE I.er

Pour chaque bête trouvée dans les forêts, hors des chemins de communication, l'amende sera de 2 francs, sans préjudice au dédommagement, s'il y a lieu.

ART. II.

Pour les bestiaux repris dans les taillis non déclarés défensables, l'amende sera de 6 francs par chaque bœuf, vache ou veau d'un an; de 5 francs pour un cheval ou autre bête de somme, et de 2 francs pour un porc.

L'amende sera double, si le bétail a été repris à garde faite, ou s'il l'a été après le coucher ou avant le lever du soleil.

ART. III.

L'accès des forêts est interdit en tous temps aux chèvres et boucs, à peine de 10 francs d'amende par chaque bête, et aux moutons ou brebis, à peine de 3 francs.

L'amende pourra néanmoins être réduite à 150 francs pour un troupeau entier de moutons, et à 100 francs pour un troupeau de porcs.

ART. IV.

Les gardes pourront saisir et confisquer les bestiaux repris, et les mettre en dépôt; et lorsqu'ils n'auront pu atteindre les chèvres et boucs, il leur sera permis de les tuer.

Les bestiaux saisis ne seront rendus au propriétaire que moyennant caution solvable, pour l'amende, l'indemnité et les frais, laquelle sera fournie par-devant le juge de paix du canton où le délit aura été commis.

ART. V.

Le bétail saisi sera vendu par-devant le juge de paix, à la diligence de l'inspecteur, et le prix versé à la caisse du receveur du domaine impérial, à compte de l'amende de l'indemnité et des frais.

ART. VI.

Le procès-verbal de reprise fera mention de l'étendue du taillis abrouti par le bétail repris, et le dédommagement sera d'un franc par mètre quarré, outre les frais de récépage.

ART. VII.

La première récidive dans l'année donnera lieu à une amende double, la seconde sera punie d'une amende triple, et d'un emprisonnement qui ne pourra excéder 3 mois.

TITRE III.

Dispositions relatives à l'Exploitation.

ARTICLE I.er

Les adjudicataires qui, sans avoir reçu le permis de l'inspecteur, les usagers ou les communes qui, sans avoir levé le procès-verbal de délivrance, se permettraient d'exploiter leurs coupes, seront condamnés en 200 francs d'amende.

ART. II.

Tout adjudicataire de vente ou d'exploitation de bois communaux qui aura négligé, soit de couper le taillis à fleur de terre et les arbres en talus, soit d'arracher la bruyère, le genêt ou autres plantes nuisibles; de couper les broutilles et les vieux tocs, sera condamné, même avant le récolement, en 25 francs d'amende par hectare, sans préjudice aux frais de récépage.

ART. III.

Ceux qui abattraient autrement qu'avec la cognée, seront condamnés en 100 francs d'amende.

ART. IV.

Il est défendu d'exploiter dans les coupes

depuis le jusqu'au
à peine de 50 francs d'amende par hectare.

ART. V.

Il est défendu aux adjudicataires d'introduire dans leurs coupes d'autre bois que celui qui en proviendra, à peine de 50 francs d'amende et de confiscation.

ART. VI.

Ils ne pourront faire travailler de nuit dans les coupes, ni permettre aux ouvriers d'en emporter du bois, à peine de 100 francs d'amende.

ART. VII.

Il est défendu aux ouvriers d'en emporter à peine de 50 francs d'amende.

ART. VIII.

Il est défendu aux adjudicataires de vendre ou transporter des pièces de bois si elles ne sont marquées de leur marteau et annotées sur le registre de vente, à peine de 100 francs d'amende, qui sera également encourue par ceux qui les auront achetées.

ART. IX.

Il est défendu de dételer les chevaux ou bœufs dans les taillis et dans les ventes, à peine de 2 francs d'amende pour chaque bête, sans préjudice aux peines portées par l'article II du titre II, dans le cas d'abroutissement.

ART. X.

S'il arrive dans le cours de l'exploitation que des arbres de réserve soient renversés par les vents, ou par la chûte des autres arbres, l'adjudicataire est tenu d'en donner avis sur-le-champ au garde général, qui en préviendra l'inspecteur, pour qu'il en soit réservé d'autres en remplacement. Il en sera de même pour les arbres encroués, à peine, contre l'adjudicataire qui aurait négligé de faire cet avertissement, d'être condamné à l'amende, conformément à l'article II du titre I.er

Lesdits chablis et arbres cassés ou abattus ne pourront être cédés à l'adjudicataire mais ils seront vendus après le récolemen de la coupe.

ART. XI.

Les adjudicataires des ventes et ceux de l'exploitation des coupes de communes, sont responsables des délits commis dans les coupes et à l'ouie de la cognée, fixée à 300 mètres pour la futaie, et 200 pour le taillis; le tout conformément aux dispositions du titre I.er

La responsabilité des adjudicataires de chablis est réduite à 100 mètres de distance.

ART. XII.

Celui qui, en exploitant, outre-passera les lignes et pieds corniers, sera condamné à une amende égale au double du prix de la vente, en raison de l'étendue du bois coupé en délit, sans préjudice à l'indemnité.

ART. XIII.

L'amende sera de 25 francs par chaque fosse à charbon pratiquée dans les places non désignées par les agens forestiers, sans préjudice à l'indemnité pour le dommage, s'il y en a.

ART. XIV.

Quiconque fera de l'écorce après le temps fixé par le cahier des charges, ou écorcera les arbres sur pied, sera condamné en 150 francs d'amende.

ART. XV.

Les adjudicataires qui auront blanchi des arbres, pour induire en erreur les agens forestiers lors du récolement, seront condamnés à une amende de 10 francs par pied d'arbre.

ART. XVI.

Ceux qui, dans les mêmes vues, auront effacé la marque du marteau de l'administration, ceux qui y auront substitué une autre empreinte, seront condamnés, les premiers, en 500 francs d'amende et à un emprisonnement qui ne pourra excéder 3 mois; les seconds, en 2000 francs et un emprisonnement qui ne pourra excéder un an.

ART. XVII.

Ceux qui auront fait usage, dans le même motif, d'un marteau portant pareille empreinte que celui de l'administration, seront poursuivis comme pour crime de faux.

ART. XVIII.

L'adjudicataire qui établira des baraques et ateliers en bois, ailleurs que dans les places désignées par les agens forestiers, sera condamné en 50 francs d'amende.

ART. XIX.

L'adjudicataire, après la démolition des baraques et ateliers, sera tenu d'en repiquer le terrain de glands ou de faînes, à peine de 25 francs d'amende par chaque place qu'il aura laissée inculte; la même peine aura lieu contre ceux qui auront négligé de repiquer les places à charbon.

ART. XX.

L'adjudicataire ou les communes qui n'auront pas terminé l'exploitation des coupes dans le délai prescrit, ne pourront plus abattre, à peine d'être poursuivis comme pour délits; ceux qui n'auront pas terminé la vidange, seront condamnés à une amende égale au vingtième du prix de la coupe par chaque mois de retard.

Dans les bois communaux et ceux affectés aux usagers, l'amende du vingtième sera réglée d'après une estimation faite de la coupe, par les agens forestiers.

ART. XXI.

La vidange des chablis ou bois de délit vendus, sera faite par l'adjudicataire dans le temps prescrit, à peine de confiscation.

ART. XXII.

Tout adjudicataire qui n'aura pas reçu décharge de son exploitation, demeurera responsable des délits qui se commettront dans la coupe et à l'ouie de la cognée.

ART. XXIII.

Le cahier des charges des ventes en fixera les conditions, ainsi que celles des paiemens, et les peines à encourir, en cas de retard et de déchéance; il contiendra toutes les clauses propres à assurer une bonne exploitation, en établissant pour les cas non prévus par la loi, des amendes dont le *maximum* ne pourra excéder 50 francs.

TITRE IV.

Dispositions particulières aux Communes et aux Usagers.

ARTICLE I.er

Les communes et les sections, propriétaires ou usagères ne pourront partager sur pied leurs coupes affouagères, mais seront tenues de les faire exploiter par des bûcherons choisis, au nombre de deux au plus par hectare. Les contraventions aux présentes dispositions seront punies d'une amende de 25 francs par hectare.

ART. II.

Les communes qui vendront leurs coupes affouagères, sans y être légalement autorisées, seront condamnées à une amende de 50 francs par hectare.

ART. III.

Tout habitant qui vendra du bois provenant de son affouage, ainsi que celui qui l'aura acheté, seront condamnés en 50 francs d'amende.

ART. IV.

Il est défendu à tous autres qu'aux maréchaux, serruriers et cloutiers, de convertir en charbon leurs portions affouagères, à peine de 50 francs d'amende.

ART. V.

Les communes et sections de communes sont tenues de façonner leur bois de 2 mètres de longueur, à peine de 25 francs d'amende et de confiscation ; laquelle peine sera encourue par le maire en sa qualité, tant que le bois sera dans la forêt, et ensuite par les particuliers qui l'auront enlevé.

ART. VI.

Les affouagers et usagers qui ne justifieront pas dans l'année l'emploi des arbres de bâtiment à eux accordés, ou qui en auront changé la destination, seront condamnés à en payer le prix à l'estimation, et en outre à une amende de 5 francs par pied d'arbre.

ART. VII.

Les communes et les usagers sont tenus

d'envoyer à l'inspecteur, avant le 15 août de chaque année, la déclaration de la quantité de bestiaux appartenant à chaque habitant, à peine de suspension de leur droit.

ART. VIII.

Le conservateur réglera sur ces états, d'après la possibilité de la forêt, le nombre des bestiaux à mettre en pâture dans chaque canton, et il ne pourra en être envoyé un plus grand nombre, à peine de 2 francs par chaque bête qui excéderait.

ART. IX.

Les communes, les usagers et fermiers de la pâture ne pourront envoyer leurs porcs en paisson, avant le . . . . ni après le . . . à peine de 50 fr. d'amende.

ART. X.

Il ne pourra être envoyé aucuns bestiaux en pâture dans les forêts, aux jours prohibés, ni avant le lever ou après le coucher du soleil, à peine de 25 francs d'amende.

ART. XI.

Seront condamnés à la même amende, ceux qui enverront leurs bestiaux en pâture, sans clochette, non marqués, ou en troupeau séparé; ceux qui les conduiraient par des chemins non désignés; ceux qui prêteraient leur nom à des particuliers n'ayant pas droit d'usage.

ART. XII.

Il est défendu à tous autres qu'aux fermiers ou adjudicataires de la glandée, d'envoyer pâturer dans les bois, les bestiaux dont ils font commerce, à peine de 5 francs par bête, et de confiscation.

ART. XIII.

Les usagers qui seraient en retard d'acquitter les redevances auxquelles ils sont attenus, seront privés de leur droit, du moment qu'ils auront cessé de payer.

TITRE V.

Dispositions générales.

ARTICLE I.er

Il est défendu de bâtir à une distance moindre d'un kilomètre des forêts impériales ou des communes, sans y être autorisé par un décret impérial, à peine de 500 francs d'amende et de démolition des bâtimens.

ART. II.

Toutes baraques construites dans l'intérieur ou à un kilomètre des forêts, par d'autres que les ouvriers employés dans les coupes, seront démolies dans le délai de 6 mois.

ART. III.

Tous propriétaires ou locataires de maisons bâties à l'avenir dans l'enceinte ou à 50 mètres des forêts, seront responsables des délits forestiers qui se commettront à 100 mètres de distance, excepté dans les coupes en exploitation.

La même responsabilité aura lieu contre les propriétaires des maisons qui ont été bâties sur un terrain usurpé dans la forêt, si la démolition n'en est pas ordonnée.

ART. IV.

Tous propriétaires de maisons isolées qui se trouvent dans l'enceinte et aux reins des forêts, ou à la distance d'un kilomètre, ne pourront y loger aucuns vagabonds, à peine de devenir responsables des délits qu'ils commettraient.

ART. V.

Seront tenus en conséquence, sous la même peine, les propriétaires desdites maisons, de remettre dans la huitaine, à la municipalité du lieu où elles sont situées, une déclaration des noms des individus qui les occupent, et de désigner la commune où ceux-ci étaient domiciliés auparavant.

ART. VI.

Ladite déclaration sera envoyée, par le maire, au préfet du département, qui, après des renseignemens pris sur lesdits individus, pourra les contraindre à s'éloigner d'un myriamètre des forêts impériales ou des communes.

ART. VII.

Il est défendu d'allumer du feu dans les forêts, ou à la distance de 50 mètres, à peine de 100 francs d'amende, outre le dédommagement.

ART. VIII.

Il est défendu d'enlever de la terre ou des pierres dans l'intérieur des forêts, ou à la distance de 3 mètres des lisières, sans autorisation légale, à peine de 100 francs d'amende, sans préjudice au dédommagement.

ART. IX.

Il est défendu, en fossoyant, d'approcher des arbres de lisières à une distance moindre de 3 mètres, à peine de 25 francs d'amende, outre le dédommagement.

Art. X.

Les sabotiers, tonneliers et autres ouvriers en bois, ne pourront tenir leurs ateliers à une distance moindre de 2 kilomètres des forêts, à peine de 100 francs d'amende et de démolition. La même peine aura lieu contre ceux qui établiraient, sans autorisation, des fours à chaux, tuileries ou briqueteries, à la distance prohibée.

Art. XI.

Quiconque sera trouvé de nuit, hors les chemins de communication, muni de serpe, scie ou cognée, sera condamné à une amende de 10 francs; l'amende sera double pour celui qui serait muni d'armes à feu.

Art. XII.

Quiconque écorcera les arbres pour en extraire de la résine, sera condamné en 10 francs par pied d'arbre, sans préjudice au dédommagement.

Art. XIII.

Celui qui coupera les jeunes pousses des arbres, sera condamné en 25 francs d'amende.

Art. XIV.

Il est défendu d'abattre la semence des arbres, à peine de 10 francs d'amende.

ART. XV.

Il est défendu d'enlever des forêts du jeune plant, du gland, de la faîne et autres semences, sans autorisation légale, à peine d'être condamné en 10 francs d'amende pour une charge à cou ; en 25 francs, pour celle d'une bête de somme ; en 60 francs, pour celle d'une charrette, et 100 francs, pour celle d'une voiture à 4 roues.

ART. XVI.

Il est défendu d'exposer en vente du plant d'arbres forestiers, sans autorisation, à peine de 100 francs d'amende ; la même peine aura lieu contre ceux qui en achèteraient.

ART. XVII.

Il est défendu d'arracher ou de couper de l'herbe dans les forêts, à peine de 5 francs d'amende pour une charge à cou ; de 15 francs, pour celle d'une bête de somme ; de 40 francs, pour celle d'une charrette, et de 60 francs, pour celle d'une voiture à 4 roues, sans préjudice aux peines prononcées par la loi, à raison des brins coupés ou arrachés.

ART. XVIII.

Il est défendu aux propriétaires riverains de couper aucune accrue de bois, sur les lisières des forêts impériales ou des communes, à moins d'avoir justifié, par titre ou possession, qu'elles leur appartiennent, et après que la reconnaissance des bornes en aura été faite par les agen forestiers, à peine d'être poursuivis comme délinquans.

ART. XIX.

Quiconque aura arraché ou déplacé les bornes des forêts, sera condamné en 300 francs d'amende, et contraint à les rétablir à ses frais, sans préjudice à la peine résultant du dommage qui pourra être causé par l'anticipation.

ART. XX.

Il est défendu d'établir de nouvelles usines à feu, sans y être autorisé par un décret impérial, à peine de 1000 francs d'amende, de démolition et confiscation.

ART. XXI.

Les anciens réglemens relatifs au nombre et à l'emplacement des scieries sont maintenus, et l'on ne pourra en établir de nouvelles sans autorisation, sous les peines portées en l'article précédent.

ART. XXII.

Il est défendu aux propriétaires ou fermiers des scieries, de sortir de la forêt aucunes tronces, soit qu'elles proviennent de leurs bois, soit qu'ils les aient achetées, sans les avoir fait reconnaître et marquer par un garde qui sera nommé par le sous-inspecteur; à peine, contre lesdits propriétaires ou fermiers contrevenans, d'être condamnés en 200 francs d'amende, outre la confiscation ; lesquelles peines seront encourues par le seul fait de l'existence des pièces de bois trouvées sans marque sur les chantiers desdites scieries.

ART. XXIII.

Il est défendu à tous particuliers qui habitent les maisons bâties dans les forêts, ou à un kilomètre de distance, de faire le commerce de bois, ni d'en tenir aucun dépôt, ou d'y établir atelier pour travailler en bois, à peine de 200 francs d'amende et de confiscation des bois.

ART. XXIV.

Il est défendu aux ouvriers et à tous autres qui sont baraqués dans les forêts, ou à 100 mètres de distance, de tenir aucune espèce de bétail, à peine de 25 francs d'amende et de confiscation.

ART. XXV.

Il est également défendu aux agens et gardes forestiers, de faire aucun commerce de bois, ni d'être propriétaires ou fermiers d'aucunes usines à feu dans leur arrondissement, et à la distance de deux myriamètres, à peine de 500 francs d'amende, de confiscation et démolition.

ART. XXVI.

Il leur est également défendu, et à leurs parens, jusqu'au degré de cousin germain inclusivement, de se rendre adjudicataires, associés ou cautions dans les ventes de bois, directement ni indirectement, à peine de nullité desdites ventes, et de 500 francs d'amende.

Art. XXVII.

Les monopoles et associations tendant à diminuer la concurrence dans les ventes, seront punies d'une amende de 200 francs au moins, et de 2000 francs au plus.

Art. XXVIII.

Il est défendu, sous les mêmes peines, d'avoir plus de trois associés dans une vente.

Art. XXIX.

Aucune amende pour délits forestiers ne pourra être au-dessous de 5 francs.

Art. XXX.

La condamnation à une amende emportera confiscation du bois coupé en délit, des scies, haches et autres outils dont les délinquans se trouveraient munis. Seront également confisqués, en cas de récidive, les chars, harnois, bêtes de trait et de somme employés à l'enlèvement des bois de délit.

Art. XXXI.

La première récidive pendant l'année, dans les cas prévus par les articles VII, VIII, IX, XI, XII, XIII, XIV, XV, XVI, XVII, XIX, XXII et XXVII, sera punie d'une amende double, et la seconde, outre l'amende double, d'un emprisonnement qui ne pourra excéder 6 mois.

Art. XXXII.

Les tribunaux ne pourront, en aucun cas, modérer les amendes pour délits forestiers, à peine d'en demeurer responsables.

Art. XXXIII.

Les tribunaux sont autorisés, pour les délits qui ne seraient pas prévus, à prononcer des amendes dont le *maximum* ne pourra excéder 20 francs.

TITRE VI.

Dispositions relatives aux Bois des Particuliers.

Article I.er

Tous les propriétaires sont tenus d'envoyer au conservateur, dans les 3 mois de la publication de la présente loi, la déclaration exacte de la contenance de leurs bois, avec deux copies des plans figurés, à peine de 200 francs d'amende.

Art. II.

En ajoutant aux dispositions de la loi du 9 floréal an 11, il est enjoint à tous propriétaires de bois, de régler l'âge des coupes de taillis à au moins, à peine de 100 francs d'amende par hectare de bois coupé plus jeune.

Art. III.

Il leur est également enjoint de réserver

au moins 40 baliveaux par chaque hectare de taillis, et 25 arbres des plus sains dans la futaye, à peine de 5 francs par chaque brin, et de 20 francs par chaque arbre de moins.

ART. IV.

Il est enjoint auxdits propriétaires de faire chaque année, au conservateur, la déclaration de la quantité de taillis et de futaye qu'ils voudront couper, à peine de 100 francs d'amende par hectare.

ART. V.

Tout propriétaire de bois qui, hors les cas d'une urgente nécessité, coupera des arbres, sans en avoir fait, 6 mois auparavant, sa déclaration au conservateur, sera condamné en 50 francs d'amende par pied d'arbre, outre la confiscation.

ART. VI.

Le propriétaire ne pourra exploiter, en cas d'urgence, qu'après en avoir justifié au conservateur, sous la peine portée en l'article précédent.

ART. VII.

Il n'y a urgence qu'en cas d'accidens qui exigent de promptes réparations aux maisons, ponts, fontaines et autres édifices des propriétaires de bois.

ART. VIII.

Les agens forestiers auront le droit de

constater par des visites, les contraventions faites par les propriétaires au présent réglement.

TITRE VII.

De la responsabilité des Communes et des Particuliers.

ARTICLE I.er

Tout délinquant est responsable des délits commis à 50 mètres de distance, s'il est reconnu par le procès-verbal qu'ils l'ont été dans les vingt-quatre heures de la reprise dudit délinquant, sauf la vérification qui pourra être ordonnée par le tribunal.

ART. II.

Tout délinquant est responsable des inconnus qui l'accompagnent, pour les délits qu'ils auront commis ensemble.

ART. III.

Quiconque sera trouvé coupant ou enlevant une partie quelconque d'un arbre coupé en délit, sera censé l'avoir abattu.

ART. IV.

Quiconque sera trouvé dans la forêt, ou à proximité, emportant du bois, ou l'emmenant sur des voitures, sera censé l'avoir coupé en délit, si, sur l'interpellation à lui faite, il refuse de déclarer d'où provient ledit bois, et d'en faire le ressouchement.

ART. V.

Tout voiturier et autres transportant hors de la forêt du bois de délit, de l'herbe, du gland, de la faîne ou autres semences, sera responsable, et condamné solidairement avec le délinquant.

ART. VI.

Les pères, mères, tuteurs, maîtres et entrepreneurs de toute espèce, seront civilement responsables de leurs femmes, enfans, pupilles, mineurs non mariés, domestiques, ouvriers, voituriers et autres subordonnés.

ART. VII.

Lorsque les enfans mariés seront au pot et feu de leurs pères et mères, ceux-ci en demeureront responsables.

ART. VIII.

Les communes seront responsables de tous les délits commis par le troupeau.

ART. IX.

Les communes seront également responsables de tous les délits commis dans leurs coupes, et des adjudicataires chargés de les exploiter.

TITRE VIII.

De la responsabilité des Fonctionnaires publics.

ARTICLE I.er

Les agens et gardes forestiers sont responsables, chacun en ce qui le concerne, des délits dont ils n'auraient pas constaté l'existence.

ART. II.

Ils sont également responsables de leurs procès-verbaux, lorsqu'ils y auront omis quelques formalités essentielles.

ART. III.

L'inspecteur qui aura délivré un permis d'exploiter, sans avoir visé le certificat qui constate que l'adjudicataire a fourni son cautionnement et rempli les autres obligations prescrites par le cahier des charges, sera responsable desdites obligations.

ART. IV.

Les agens, chargés de provoquer le jugement des délits forestiers, sont responsables des poursuites à faire en temps utile contre les délinquans.

ART. V.

L'action résultant de la responsabilité des agens et gardes forestiers, ne pourra être exercée contre eux, qu'en vertu d'une autorisation de l'administration générale des forêts.

ART. VI.

Tout officier public chargé par la loi d'assister les gardes dans les visites domiciliaires, ou de leur prêter main-forte, sera, en cas de refus, responsable du délit, sans préjudice à la destitution.

ART. VII.

Les maires pourront être traduits et comparaître par-devant les tribunaux, en vertu d'un arrêté des conseils de préfecture, pour tous les délits forestiers dont la commune est responsable, et pour ceux qu'ils auraient autorisés.

ART. VIII.

Les procès-verbaux d'un seul garde feront foi, jusques la somme de 100 francs d'amende, s'il n'y a inscription de faux, ou motif de récusation valable proposé.

L'amende sera réduite à cette somme, lorsque le délit constaté par un seul garde, sera susceptible d'une plus forte.

ART. IX.

Toutes les condamnations pour délits forestiers entraîneront la contrainte et par corps.

TITRE IX.

Des Poursuites extraordinaires.

ARTICLE I.er

L'enlèvement de bois façonné dans les forêts, sera puni conformément à la loi du 25 frimaire an 8.

ART. II.

Tout délinquant qui aura essuyé au moins trois condamnations dans une année, s'il commet un nouveau délit dans les 3 mois qui suivront, sera qualifié *délinquant d'habitude*, dans le jugement qui interviendra sur ce délit.

ART. III.

Tout délinquant qualifié tel, qui commettra un nouveau délit dans l'année du jugement, sera renvoyé par-devant le magistrat de sûreté, qui procédera contre lui, comme délinquant coutumier et incorrigible.

ART. IV.

S'il est déclaré tel par le jury d'accusation, il sera traduit par-devant la cour criminelle, pour y être poursuivi comme accusé.

ART. V.

Si, d'après la procédure qui aura lieu, la déclaration du jury d'accusation est confirmée, l'accusé sera condamné pour un temps, qui ne pourra être moindre de deux années, ni excéder cinq ans, aux travaux publics ordonnés pour le repeuplement des forêts et la plantation des routes.

ART. VI.

Le jugement portant cette condamnation, sera affiché sur la place publique du chef-lieu du département, et copie en sera envoyée à l'administration générale des forêts.

www.ingramcontent.com/pod-product-compliance
Ingram Content Group UK Ltd.
Pitfield, Milton Keynes, MK11 3LW, UK
UKHW020220200726
13856UKWH00004B/1508